Licht & Liebe

Ursula Polaczek

Erwachen

Die Schwerter und die Türen kleben in der Nacht der
Dunkelheit.
Laß Dich von nun an ganz erheben.
Mit Licht und Wachstum geh voran in eine Zeit
voll warmer Liebe und allen Möglichkeiten der Natur.

Das Licht, es lächelt und blüht in Dir auf.
Es blüht immer weiter und wird zu einem Strauß.
Beschwingt sind die Herzen,
es ruft Dich der Gott -
sei lieb zu den Pflanzen und baue den Ort.
Die Wälder ergrünen, das Licht ist erwacht.
Es singen die Tiere und alles lacht.

Erspüre die Sehnsucht, die alle ergreift.
Das Licht ist im Kommen, es reift und reift.
Die Quelle der Schöpfung, sie fängt an zu sein.
Erschaue das Licht, es ist rein.

Dem Wasser kannst Du folgen -
es gibt Dir die Richtung an.
Betrachte Dein Leben
und pack es an den Wurzeln an.

Zensiere die Absicht, die dahinter steckt.
Es ist eine Botschaft, die Dich erweckt.
Bist Du gegangen Deinen langen Weg,
hast viel gesehen, viel erlebt -
bist wachgeworden zur rechten Zeit,
hast die Wandlung erhalten, die Dich ereilt.

Schau mir zu mit Deinen blauen Augen,
sie glänzen wie Sterne in der Nacht.
Ersuchst Du mich, dann mußt Du schauen,
daß in Dir Tag wird und Du erwachst.
So wie die Knospe einst erblüht und wird
dann immer größer,
erwacht auch nun ein Keim in Dir
und wird nun zum Erlöser.

Wenn ich Dir sage, habe Mut zu gehen in der
Einsamkeit,
Du findest in Dir selbst das Buch -
nur mußt Du hineinschauen,
nimm Dir die Zeit!

Umwandlung

Verwandle die Liebe
mit strahlendem Licht.
Beginnet zu sehen -
es dunkelt nicht mehr.
Die Wolken sind verflogen
zum düsteren Meer.
Vertraut auf die Hilfe,
sie wird Euch zuteil.
Beginnet zu wachsen
und werdet zu Sein.

Erkennen

Die Quelle am Horizont
verspürt die Wolken,
die sich nähern.
Pass auf, wohin sie ziehen.
Schau die Botschaft in Dir,
sie erreicht Dich
mit all den anderen Menschen,
die sie suchen.

Der Tag ist da,
an dem Du siehst,
daß alles andere vorbei ist,
was Du gesehen.
Im Licht bewegt sich
Zärtlichkeit und Harmonie.
Sie entspringt der Quelle des Herzens.

Bist Du gewillt zu atmen -
so durchlöchere die Knoten, die in Dir sind,
und sie werden Dich befreien.

Die Menschen, sie ereilen Dich -
zu sehen, was mit Dir passiert.
Zur Rechten Gott und in Dir Licht -
der Quell der Liebe und des Seins.

Verrat, Verlogenheit und Haß
ist aufgeschlagen hier im Buch.
Warum zu suchen, was nicht lohnt,
es gibt den Grund der Veränderung.

Jammertal

Die Armen der Ärmsten,
sie schauen Dich an,
denn Du bist gekommen
und denke daran -
die Menschen, sie weinen
und beten zugleich -
doch senden sie nicht
den nötigen Geist.
Sie zittern und beben
und lachen kaum -
doch schaun sie mal 'rüber
über den Zaun?

Zerstreut sind die Menschen,
die Herzen auch -
die Kinder, sie weinen -
es kommt aus dem Bauch.

Ersehet den Jammer,
der überall ist,
erbittet die Hoffnung
und sehet das Licht.

Kraft aus Dir
selbst schöpfen

Bist Du in vollem Herzen hier,
zu sehen, was es heißt zu lieben.
Versuche es mit Kraft in Dir
und fange an zu blühen.

Wenn aus der Dunkelheit der Nacht
die Sonne scheint und alles blüht -
laß Dich erheben und gib acht,
wo es am Anfang grünt.

Es sind die Menschen,
die versteh'n,
was andere vergessen.
Wo Schmerz und Liebe sich vereint,
da hast Du oft gesessen.

Wie so ein Vöglein schaust Du nun
und wolltest gar nicht singen -
erhebe Dich zu mir empor
und Du wirst alles wissen.
Beginne jetzt und warte nicht,
die Zeit ist nun gekommen.
Du erntest Licht und wanderst
mit zu anderen Orten.

Wenn Du erzählst,
was Du gesehen,
sie werden es nicht glauben.

Doch gehe nur und lass sie schauen.
Es sind noch viele da, die da so schauen
und wissen kaum, daß sie gerad' geboren.

Glaube, Hoffnung, Liebe

Eingebettet und von Traurigkeit ist Dein Herz.
Es ist noch nicht so weit zu sehen
in das Reich der Liebe, das Dich umgibt.

Erwache aus dem dunklen Tal,
begraben ist die Not und Kluft,
vertraue auf den Hoffnungsstrahl -
er gibt Dir Liebe und Vertrauen
und läßt Dich nicht mehr rückwärts schauen.

Auf den Höhen der Berge erreicht Dich das Licht -
zu sehen in die Ferne, ersuche das Nichts.
Vergesse den Kummer, ersehne das Wir,
beginne zu atmen, es wurzelt in Dir.
Zu sehen die Menschen, sie kommen nach Haus
und ernten mit Liebe den besten Strauß.

Erhebt euch ihr Götter, seid lieb zu einand;
denn ich bin der Herrgott und zeig Euch das Land.

Beginnet zu singen und lachen zugleich –
die Zeit ist gekommen zu gehen ins Reich.
Erhebet die Armen, die Toten und Dich,
seid mutig im Gehen und sehet das Licht.

Beginnet zu wachsen über Euch hinaus.
Es ernten die Kinder und was ist geschehen –
es läuten die Glocken und das Himmelstor öffnet sich
und all die vielen Kinder laufen hinein.
Sie lachen und tanzen und freuen sich sehr -
es gibt eine Feier und es kommen noch mehr -
zu sehen das Glück und die Herrlichkeit,
in der wir wohnen in Ewigkeit.
- Amen -

Seht auf dem Hügel da die Kirche steh'n,
wo manch ein Jüngling schon verweilte.
Er wollte zuschauen und seh'n,
wie Welten sich entzweiten.
Doch ging er fort und sah nicht mehr,
wie Kinder sich erfreuten, am Tag danach,
als Jesus sprach und alle sich verneigten.

Viel Hoffnung und die Lust am Leben,
das könnt Ihr Euch doch selber geben.
Vertreibt den Ärger und lacht laut auf -
es warten neue Tage, freut Euch darauf!

Wachstum

Dein Herz, es schaut die Großen an,
die haben es ihm angetan.
Die Hoffnung wächst und mit ihr
erblüht ein Samenkorn zum Licht.
Es strahlt, wohin Du siehst -
doch schau,
es trifft den Menschen,
der da steht,
und sich die ganze Zeit verdreht.

Entwicklung

Am Anfang warst Du noch ein Kind,
das dastand und nicht laufen lernte.
Doch jetzt, es kommt ein neuer Wind -
zu bringen Dir die besten Weine,
von einer Ernte, die sich lohnt -
und hast Du immer dagesessen
und nicht gewußt, wie alles geht,
so hab' ich Dich manchmal besessen,
nur warst Du weg, als es sich lohnte.

Du wanderst viel, was ist dabei,
wenn all die Blüten dann verblühen.
Am Ende lohnt sich doch die Müh',
zu sehen um die Kraft der Reife.

Erstrahlendes Glück und Liebe zugleich,
Vollendung der Wärme des himmlischen Reichs.

In einer stillen Stunde bist Du bereit,
zu holen Dir die reifen Früchte.
In Anbetracht der langen Zeit,
verfeinern sich die Düfte,
die Du erzeugst, wohin Du gehst
und denke stets daran -
Du erntest nur, was Du gesät
in den vergangenen Jahren.

Doch nun beginnt die neue Zeit,
zu sehen, was zu sehen.
Drum sei von jetzt an stets bereit,
Dich an mich anzulehnen.

Selbsterkennen

Du bist so klug und weißt es nicht,
was manche Menschen suchen.
Beginne jetzt und warte nicht,
mal in Dich hineinzurufen.
Sieh mich an,
dann weißt Du, wer Du bist.

Demut

Während die Täler sich beugen
und schauen Dich an -
erkenne die Demut und denke daran -
in Dir wird es heller, es lichtet sich sehr
und vor Dir da liegt ein unendliches Meer
voll Liebe und voll Zärtlichkeit.

Lichtbegleiter

An manchen Regentagen,
da hab ich Dich gesehen.
Du wolltest weitergehen,
doch Du bliebst stehn.
Ich sah Dich so
und konnte nicht an Dir vorübergeh'n.
Doch Du, Du sahst mich nicht,
oder wolltest mich nicht sehen.

Nun schau jetzt her, ich bin ja da,
begib Dich auf die Reise.
Es sind noch andere Menschen da,
die wollen Dich begleiten.
Sei still und horche doch einmal,
wer auf der anderen Seite steht.

Mit Zuversicht und wahrem Glück
beschreiten wir die Straße,
wo Menschen kommen um zu sehen,
das Licht in großem Maße.
Willst Du nun mit mir gehen,
so lauf nicht so alleine -
ich biete Dir doch lange schon
die langgezogene Leine.

Das Licht sehen

Versuche zu sehen,
was um Dich ist,
es sind nicht die Bilder,
es wartet das Licht.

Das Licht ist die Botschaft zu gehen ins Reich,
voll Hoffnung und Freude, Erwartung zugleich.
Wenn all die Blumen und Tiere es seh'n,
die Bäche, die Flüsse, sie werden zu Seen.

Beginnet zu wachsen und lebet bald auf -
das Höchste ist gekommen und fordert Euch auf -
zu gehen in die Gärten mit strahlendem Licht.

Erhebt die Gesichter, sie schauen zum Licht,
um zu sehen die Sonne und Blumen zugleich.

Ausdehnung des Lichtes

Im Herzen ist das Licht erwacht
und strahlt jetzt ständig Tag und Nacht.

Die Strahlen ziehen große Kreise
und bringen Menschen auf die Reise.

Sie wandern viel und haben Zeit -
doch machen sie sich dann bereit,
zu gehen in das Land der Liebe.

Türen öffnen sich

Entwurzelt stehst Du nun vor mir -
doch ich zeige Dir die Öffnung einer Tür.
Erinnerst Du, was Du da siehst -
vergangene Zeiten siehst Du da.

Im Wechsel ist jetzt Zeit und Raum -
die Bilder kommen und sie gehen
und bald wirst Du sie nicht mehr sehen.
Vergessen sind die Zwänge und hört endlich auf
zu suchen nach den Ängsten in Eurem Lauf.
Beginnet zu wachsen und schaut nur hinauf!

Wenn die Gefühle die Wahrheit sprechen,
dann wirst Du erkennen, wo Du einst gesessen.
Die Bilder sind wie Schein und Raum,
doch Du wirst hinsehen und schauen,
wie alte Räume sich verändern.

Bist Du gewillt zu sehen, dann öffne Deine Augen -
in der Dunkelheit in Dir kannst Du nichts sehen.
Doch glaube mir, Du wirst verstehen,
wenn all die Türen sich bewegen,
und Du das Licht siehst, wo es ist,
dann wachst Du auf und hinderst nicht,
die Klarheit in Dir selbst zu suchen.
Beginne jetzt und laß Dich rufen!

Bist Du da hingekommen, wo Du jetzt stehst -
hast Du die Ernte bekommen, die Du gesät,
die Plätze, die Du einst gesehen,
vergessen sind sie und Du mußt gestehen,
Du willst sie auch nicht wiedersehen.

Erwache jetzt mit Kraft in Dir und sieh das Licht -
es öffnet Dir die Tür.
Vergessen ist jetzt Zeit und Raum,
erachte Dich und Du wirst schau'n.

Neubeginn

Möchtest Du wissen,
wo eine gerade Strecke vor Dir liegt,
dann erinnere Dich nicht
an die vielen vergangenen Zeiten,
sondern fange immer wieder an,
Dir neue Ziele zu setzen.
Ersetze Vergangenes durch Gegenwart.

Auferstehung

Die Liebe regnet zu Euch herab,
die Blumen ernten Eure Tränen.
Versucht zu sehen, was da erwacht.

Im Laufe der Zeit ergrünt die Saat -
die Welt, sie schaut zurück.

Wo tiefe Spalten einst noch waren,
da blüht und grünt ein großes Glück.

Das Nest
der Liebe bauen

Bewahre die Liebe und ernte das Glück -
versuche zu träumen und achte darauf,
in Dir sind die Blumen -
verschenk sie und lauf, zu anderen Menschen,
sie sehnen sich sehr,
zu lieben und bauen ein unendliches Meer.
Es warten die Tiere und Pflanzen zugleich,
auf all dieser Ebene und gehen ins Reich.

Willst Du mit mir gehen,
dann höre auf zu weinen.
Erkenne das Licht in Dir
und wurzele es fest in Dir ein,
damit Du Stand hast wie ein Stein.

Erkenne Geduld und Schmerzen in Dir.
Sei ruhig und warte - ich bin schon bei Dir.
Versuche zu kommen, ich halte Dich fest -
in meinen Armen bauen wir ein Nest.
Voll Wärme und Liebe, da willst Du doch sein.
Vertraue dem Schicksal, es läßt Dich schon rein.

Harmonie

Die Harmonie ist das Lächeln einer Blüte.
Verweile bei ihr und seh' das Licht.
Die Erinnerung ist es, die Dich entzückt.
Verstandene Liebe und Glückseligkeit dazu -
das braucht eine Seele, dann hat sie ihre Ruh'.

Erinnerung

Die Erinnerung zwingt Dich in die Tiefe.
Erhaben ist jetzt Zeit und Raum.
Erblühe jetzt mit Deiner Hilfe
und schaffe Dir jetzt einen neuen Raum.
Die Wahrheit läßt Dich viel erkennen
und bringt Dich in das Tal des Lichts.
Erachte Dich und laß Dich grüßen,
weil Du erkannt hast, was Liebe ist.

Rückblick

Schaust Du zurück auf die Hügel,
die Du einst bestiegen,
und bist der Zeit jetzt weit entrückt -
hast Du begriffen,
was es heißt zu lieben,
dann erwartet Dich das größte Glück
und bringt Dich zum Ursprung dann zurück.

Erkenne den Wandel,
erspüre die Zeit,
sieh in Dir die Hoffnung
und mach Dich bereit.